QUESTIONS FINANCIÈRES.

BUDGETS

DEPUIS 1848,

RESUMÉS DANS LE BUDGET DE 1857.

LETTRE A M. FOULD

MINISTRE DES FINANCES,

PAR AUGUSTE BARBET.

PARIS

CHEZ GARNIER FRÈRES, ÉDITEURS,

PALAIS-NATIONAL.

1851.

QUESTIONS FINANCIÈRES.

BUDGETS

DEPUIS 1848,

RÉSUMÉS DANS LE BUDGET DE 1857.

A Monsieur le ministre des finances.

Monsieur le ministre,

Nous attendions la publication du compte général de l'administration des finances rendu pour l'année 1849 et la rentrée des vacances de MM. les représentans à l'Assemblée nationale pour nous prononcer sur la valeur du rapport de la commission des finances et sur votre discours, séance du 17 juillet 1850.

Le rapport, votre discours, M. le ministre, laissent la France dans une sécurité dangereuse.

Vous croyez, car nous aimons à nous persuader que vous appréciez la situation, devoir couvrir l'abîme de fleurs, lorsque nous pensons, au contraire, à en mesurer la profondeur, afin de s'entendre ensuite pour le fermer à jamais.

Lorsqu'il s'agit non-seulement de l'existence de la France comme nation, mais encore de sauvegarder le droit d'appropriation individuelle, question qui enveloppe celle de la famille libre, nous le reconnaissons, on doit compter que, pour s'occuper exclusivement de ces questions, il sera fait trève un moment à ces appétits égoïstes de caste ou de bourgeoisie qui portent la pensée vers l'Elysée, Claremont ou Wiesbaden.

Ceci dit, nous entrons en matière :

Le système financier inauguré par nos aînés, M. le ministre, et dont vous développez hardiment les ressorts budgétaires, conduit fatalement :

1° A l'aliénation de notre *domaine public ;*

2° A une dette dont l'intérêt sera égal à l'impôt ;

3° A la misère du peuple ;

4° A la plus épouvantable des révolutions ;

5° A une attaque sérieuse contre le droit d'appropriation individuelle.

Pour le prouver, nous fixerons notre point de départ, comme revue des budgets, à l'année 1848, année qui résume les charges du gouvernement monarchique.

Des comptes officiels de 1848, nous vous conduirons au 1er janvier 1853 (1). Que cette course budgétaire ne vous effraie pas, M. le ministre, nous serons court. Vous savez que le fisc, dont vous êtes la puissante lumière (2), nous en fait une loi. Mais pour

(1) Pour le 1er janvier 1854, le lecteur pourra former le chiffre du découvert ou de la dette inscrite, si l'on consolide, en suivant la progression ascendante des années qui précèdent. On peut masquer le véritable chiffre des dépenses de deux manières : en chargeant la dette flottante, quitte à la transporter de temps en temps à la dette inscrite, ou en augmentant l'arriéré dans les paiemens. Pour l'esprit exercé, ces subtilités sont puériles.

(2) Cette brochure, le premier mille, a coûté 40 fr. de composition et 100 fr. de timbre.

nous emprisonner ainsi dans une feuille, nous devons renoncer à vous suivre dans vos petits combats de tribune avec une commission toute courtoise, à propos de rentrées toujours plus qu'absorbées par des dépenses imprévues.

Vous aviez raison à la séance du 17 juillet, mais sur un point seulement. 1848 ne présente réellement dans l'alignement des chiffres du budget qu'un déficit de 16,079,471 fr.—Quel miracle!

Ce résultat fut obtenu, voyez le rapport de M. Berryer, page 2, du 16 février 1850, « à l'aide de ressources extraordinaires et considérables dont le » chiffre s'est élevé à 573,534,034 fr. (1) » La révolution de 1789 s'était engagée sur une dette de 400 millions; celle de février 1848, préparée par la crise financière de 1846, eut lieu sur un budget de 1,758

(1) Décomposition de ce chiffre :

Du produit de l'impôt de 45 cent......	191,980,568	fr.	c.
Du produit des retenues sur traitemens et pensions..............................	10,000,000	»	»
Du remboursement fait au Trésor par le chemin de fer du Nord................	3,000,000	»	»
Des fonds libres de 1846 à 1847.......	13,193,970	»	»
Du produit de la consolidation en rentes des bons du Trésor formant la réserve de l'amortissement et de l'emprunt.........	123,549,048	»	»
De la recette sur l'emprunt autorisé par le décret du 24 juillet 1848.............	177,536,948	»	»
Des versemens aux certificats en échange d'actions du chemin de Lyon.........	54,273,500	»	»
Total.............	573,534,034	»	»

Voir la page 19 du compte général des finances de 1849, et l'on remarquera que cette somme n'a pas été entièrement employée dans l'année 1848.

millions (1) et une dette flottante de 872 millions. Pendant les deux cent soixante derniers jours de son administration, le gouvernement de Louis-Philippe dépassait ses ressources ordinaires de 1,100,000 francs par jour.—Les sacrifices de 1848 furent et devaient être immenses.

MM. les ministres affirmèrent alors que nos finances avaient été, au moyen de ressources extraordinaires, replacées dans un état normal, et que le chiffre de notre dette flottante, revenu à 318,163,510 francs, ne serait plus dépassé.

Mais, comme démenti, nous avons aujourd'hui, nous l'avons dit en commençant, les comptes de 1849.

1849.

Les dépenses probables, dit le rapport, page 346 de l'exercice de 1849 s'élèvront à 1,662,154,801 fr., et les ressources présumées ne dépasseront pas le chiffre de 1,456,499,678 fr.

Il en résulte un déficit ou excédant de dépenses de . . .	205,655,122 fr.	»	
Auquel il convient d'ajouter d'après le même rapport. . . .	30,326,034	»	»
Le découvert de l'exercice de 1849 doit en conséquence être évalué à.	235,981,156	»	»

Somme qui porte notre découvert à 554,144,666 fr. Mais, d'après réduction finale des comptes généraux, page 378, à 539,613,717 fr., qui se décompose ainsi :

(1) Page 96 du compte général de 1849.

Effets à payer.

Bons du Trésor à divers.......	110,084,629 fr. 93 c.	202,826,179 fr. 82 c.
A la Banque de France.......	50,500,000	
Remboursemens de dépôts aux caisses d'épargne.........	2,850 27	
Traites du caissier central du Trésor sur lui-même.......	35,089,711 fr. 96	
Effets divers...	7,148,987 fr. 66	

Créances passives.

Communes et établissemens publics......	106,826,870 fr. 26 c.	336,787,537 fr. 78 c.
Divers corps de troupes de la guerre et de la marine....	3,905,152 20	
Caisse des invalides et de la marine...	5,371,582 12	
Id. S. C. de fonds des caisses d'épargne.	38,863,022 35	
Caisses des dépôts et consignations....	39,321,686 24	
Id. S. C. La Compensation actuelle aux caisses d'épargne......	29,421,378	
Banque de France, S. C. de 150 M.	50,000,000	
Correspondans divers......	63,077,846 61	
	Somme égale.....	539,613,717 fr. 60 c.

Comme on voit, les divers fonds consolidés en

1848(1) ont été promptement remplacés et dépassés par de nouveaux découverts, pente irrésistible du système.

On a, en outre, détourné les 65,348,475 fr. destinés à l'amortissement.

Ainsi, en l'année 1849, non-seulement notre dette flottante a été surchargée d'une somme considérable, mais notre dette consolidée s'est élevée du chiffre de 175,224,788 francs (1er janvier 1848), à celui de 233,505,743 fr. (1er janvier 1850) (2). —Il s'agit seulement ici de l'intérêt.

C'est ainsi que l'on a liquidé la position financière de la branche cadette des Bourbons.

Reste cependant la reprise des 22 millions de coupes sombres exécutées par cette famille sur nos forêts. A cette somme, il faut ajouter un débet au Trésor de la couronne de 1,242,737 fr. Ordonnance du 1er décembre 1841, le tout imputable sur les biens de la famille, en exécution du décret du 25 octobre et de la loi du 4 février 1850.

1850.

Le chiffre de notre dette consolidée s'établissait ainsi au 1er janvier 1850.

5 pour 0/0 au pair		3,606,400,812	fr., à servir	180,320,040	fr.
3 pour 0/0	id.	1,534,050,166	»	46,021,505	»
4 1/2	id.	19,895,600	»	895,302	»
4	id.	59,297,775	»	2,371,911	»
Capital :		5,219,644,353	» Intérêts :	229,608,758	(3)

(1) 58 millions représentant la dette envers les caisses d'épargne et les bons du trésor.

(2) Page 8 du rapport de M. Berryer. On remarquera par le tableau que nous donnons en 1850, que ce chiffre n'est pas exact.

(3) Page 428 à 445 du rapport sur le compte général des finances de 1849.

Au classement desquels intérêts il convient d'ajouter : Pour emprunts, intérêts des cautionnemens, travaux divers, dotation de l'amortissement, rentes viagères et dette flottante. . . 166,678,435 fr.

Somme fixe à prélever chaque année du budget avant de pourvoir aux dépenses des divers ministères, etc. . . . . . 396,287,193 » (1).

C'est avec ce lourd bagage et un arriéré de plus de 180 millions dans les paiemens que nous avons commencé l'année 1850.

Aussi, afin de faire face à la situation, vous avez réclamé, monsieur le ministre, un budget de 1,511,960,384 fr., ramené par la commission à 1,427,845,487 fr. (2), et voté par l'Assemblée nationale pour le chiffre de 1,392,409,719 fr., compris les 2,434,431 fr. des crédits demandés en compensation des réductions prélevées à tort sur les dépenses des cinq douzièmes provisoires, et les 18,550,000 fr. des crédits supplémentaires et extraordinaires autorisés par des lois spéciales.

Pour atteindre ce chiffre en recettes, continuant à négliger l'arriéré dans les paiemens (3), on vota une augmentation d'impôts dont nous allons établir le produit par articles :

1° Accroissement de l'impôt des

(1) Rapport de M. Berryer, page 8.

(2) La commission des finances concluait ainsi :

Budget ordinaire.....	1,369,007,987 fr.	1,427,845,487 fr.
Id. extraordinaire.	58,837,500 »	

(3) Le chiffre immédiatement exigible est de 180 millions, mais le réel s'élève à près de 400 millions.

patentes	1,000,000 fr.
2° Nouveaux droits d'enregistrement.	27,000,000 fr.
3° Droits additionnels sur le timbre.	12,000,000 fr.
4° Accroissement sur la taxe des lettres	8,000,000 fr.
Total.	48,000,000 fr.

Mais il ne suffit pas de voter des budgets et de nouveaux impôts. Si on veut que le travailleur réponde à la sommation, il faut développer l'accroissement de la production, c'est-à-dire de la matière imposable, nous entendons *le profit*, et c'est ce qu'on ne fait pas.

Malheureusement, monsieur le ministre, nos hommes d'Etat ignorent même les premiers élémens de l'économie politique, aussi confondent-ils toujours, en finances d'Etat, le capital avec le revenu et ce dernier avec le profit. C'est une erreur grave lorsqu'il s'agit d'asseoir l'impôt; elle cause annuellement un déficit considérable dans les recettes et, de plus, la misère du peuple; misère pour le fisc, misère pour l'individu, qui ont une source commune dans les entraves apportées par l'impôt aux approvisionnemens 1° des matières premières nécessaires au travail productif, 2° aux alimens indispensables à la vie journalière de l'homme.

Ces faits nous amènent à vous dire, monsieur : que l'économie de l'impôt a beaucoup à retrancher des éloges que vous vous adressiez à la séance du 17 juillet 1850, à propos de la hausse sur les valeurs de bourse. Est-ce bien là aussi une richesse publique?

Vous le savez, monsieur, nous arrivons encore, pour la fin de l'année 1850, à un excédant de dépenses sur les recettes de 90,885,752 fr. et de 180,952,252 fr. en y ajoutant les travaux publics extraordinaires. Reste, en plus, les 180 millions d'arriéré dans les paiemens ; *somme cependant payée par le contribuable*. Qu'est-elle devenue? Le contribuable paiera deux fois!

Nous aimons à reconnaître que vous êtes habile en ressources, et que tenant un jeu que vous devez bientôt remettre à un autre, vous ne cherchez qu'à prolonger la partie.

En attendant l'arrivée de ce nouveau sauveur, vous faites face tout bonnement aux besoins du jour, en prenant 71,895,150 fr. à la dotation de l'amortissement et en portant en même temps les 90,066,500 fr. des travaux publics à la charge de la dette flottante.

Il est une autre ressource malfaisante, les contributions indirectes, dont vous avez largement disposé et sur laquelle nous nous expliquerons, après toutefois avoir dit un mot sur une certaine caisse qui, aujourd'hui, fait face au mouvement de la dette flottante sous le titre pompeux de « Service de Trésorerie. »

Pour nous rendre compte de la base de crédit sur laquelle se meuvent les reviremens de notre service de trésorerie lorsqu'il s'agit de la dette flottante, nous examinerons avec vous, monsieur le ministre, la nature des élémens dont se composent l'actif et le passif de cette caisse. Nous parviendrons peut-être à prouver qu'elle n'a point d'actif.

Dans toute cette brochure, vous remarquerez que

nous évitons toutes chicane sur la disposition, souvent anormale, des chiffres officiels, notre travail ayant pour but principal d'apprécier vos moyens financiers et de montrer où ils nous conduisent.

A l'égard de la dette flottante, par exemple, nous prenons les chiffres donnés par la commission, pages 4 et 5 de son rapport; peut-être pourrions-nous en donner d'autres.

DETTE FLOTTANTE AU 31 DÉCEMBRE 1850.

Passif.

638,888,954 fr. Nous nous dispenserons de décomposer ce chiffre. La commission n'avait accusé que le chiffre de 600,888,954 fr., comptant sur la vente de deux millions de francs de rente des caisses d'épargne.

Actif.

(Il n'est qu'un passif) situation au 1er juillet 1850.

114,189,100 fr. par les communes et établissemens publics ;
4,463,600 fr. par la caisse des invalides de la marine ;
59,806,800 fr. par les receveurs généraux ;
12,560,400 fr. pour les divers fonds sans intérêt ;
49,349,800 fr. par la caisse des dépôts et consignations, son compte courant.

240,369,700 fr., somme peu susceptible, mais susceptible cependant, de variations par suite de remboursemens.

240,369,700 fr. *Report.*
102,650,000 fr. par les caisses d'épargne, leur compte courant;
50,000,000 fr. par la banque de France, bons à trois mois, 4 p. 100;
50,000,000 fr. par la banque de France, à valoir sur le traité de 150 millions;
85,520,900 fr. par des particuliers, bons du trésor, trois, six et douze mois;
70,000,000 fr., encaisse habituel du trésor, provenant des recettes anticipées sur les paiemens.

598,540,600 fr., somme présentant un déficit d'à peu près 400 millions sur les découverts.

Vous avez dû observer, monsieur le ministre, que nous avons évité de faire mention des cent millions à toucher comme complément de l'emprunt fait à la banque; vous en trouverez le motif suffisant dans l'engagement que vous avez pris du haut de la tribune législative, de renoncer à ce prélèvement; et même « de rembourser les 50 millions déjà versés, afin de dégager une partie de nos plus belles forêts. (Séance du 17 juillet 1850.) »

Ainsi notre dette flottante repose sur un actif qui n'est autre qu'un passif; car vous devez réellement les sommes qui y figurent. Deux cent millions, au plus, peuvent être retenus à divers titres.

En vérité, monsieur le ministre, si une maison de banque ou de commerce présentait une semblable situation à ses créanciers, elle serait, à l'instant même, mise en faillite. La persistance du débiteur dans cette voie serait punie par une déclaration de *banqueroute*, le Code le veut ainsi. Pour l'Etat, nous le prouverons, ce n'est qu'une question de temps, à moins qu'on ne s'empresse de changer radicalement le système.

Par des déplacemens de crédit, par de nouveaux impôts, par une grande sévérité dans le développement de la perception, vous avez voulu faire face aux exigences de 1850, cela se conçoit, c'était même votre devoir, il nous reste cependant à reconnaître s'il était convenable de porter vos regards sur les produits indirects.

Nous allons entrer dans quelques détails qui éclaireront la question.

Pour l'année 1850, la commission a tenu à ce que les contributions indirectes s'élevassent à 698 millions, chiffre effrayant et dépassant l'impossible au point de vue du travail, ce que prouve le déficit de chaque année, et cependant, vous prétendez plus : vous prétendez faire rendre 740 millions à cet impôt.

Vous avez raison, monsieur le ministre, tout est possible dans cette voie.

En effet, les contributions indirectes sont à l'individu travailleur ce que la vis est à la matière, par elle on obtient de la dernière tout ce que l'on veut. Puis, après épuisement, plateau et vis se brisent. Lorsque cet accident arrive à la vis financière, nous entrons en révolution !

Est-ce, monsieur le ministre, le but vers lequel vous aspirez ? nous ne le pensons pas, et pourtant votre système y conduit fatalement.

Votre savoir faire en finances d'Etat, monsieur, consiste donc à donner un tour de plus à la machine pressurante. De la sueur du peuple vous passez à son sang, et bientôt vous entendrez craquer les os ; car vous ne trouverez pas une autre combinaison pour équilibrer les chiffres de votre budget.

Vous ne l'équilibrerez même pas encore, puisque cette année, vous êtes de nouveau forcé de destiner à d'autres dépenses le crédit voté pour l'amortissement, et d'élever le chiffre de la dette flottante de celui des travaux publics.

Voyons 1851 maintenant.

1851.

Ainsi, les comptes de 1850 établissent qu'au 1er janvier 1851, nous aurons une dette flottante de 638 millions.

Et, d'un autre côté, vous faites descendre les dépenses ordinaires de ce nouveau budget à . . . . 1,292,633,639 fr.

Et celles extraordinaires à. . 54,318,078 fr.

Total. . . 1,346,951,717 fr.

C'est-à-dire 99,776,080 fr. de moins qu'en 1850, sur les dépenses ordinaires.

Mais ce n'est, permettez-nous de vous le dire, Monsieur le ministre, qu'un jeu de chiffres ; car vous ne pouvez être accusé de supercherie. Le moyen consiste à cesser de porter en ligne de compte la dotation de l'amortissement, qui figure pour 65 millions en dépenses et pour 71 millions en recettes.

Vous abaissez le chiffre de votre budget, et vous restez en déficit de 65,891,538 fr.

Vous abaissez le chiffre de votre budget, et cependant, presque tous les anciens impôts conservés, vous appelez la France à de nouveaux sacrifices.

Le signe moins, en chiffre budgétaire, a donc la valeur du signe plus ?

Le contribuable, le pays, d'après votre déclaration, pense : que ses charges, pour l'année 1851, seront allégées de 99,776,080 fr., et pourtant il n'aura jamais assisté à un tel épuisement de l'actif de l'État, *domaine public*, amortissement, etc., ni supporté une telle recrudescence de charges. Nous en présentons ici le tableau :

Loi du budget de 1851.

1° Prolongation de la loi du budget de 1850.	48,000,000 fr.
2° Timbre des journaux. . .	3,000,000
3° Cartes à jouer	459,276
4° Plomb de chasse	375,193
5° Poudres à feu.	967,847
1re partie. . .	52,802,316 fr.
6° Vente de forêts et domaines.	56,000,000
2e partie. . .	108,802,316 fr.

Autres ressources.

7° Nouvelle pression par les revenus indirects.	13,000,000
A reporter. .	121,802,316 fr.

Report. .	121,802,316 fr.
8° Recettes des chemins de fer du Nord et de Marseille. . .	5,000,000 (1)
9° Empiétement sur la délivrance d'anciens et vieux baliveaux dans nos forêts.	11,000,000
10° Prélèvement sur les recettes, par retard apporté dans les ordonnancemens de paiement des créanciers de l'État .	180,000,000 (2)
11° Déplacemens, dans les divers ministères, d'émargemens de paiement.	80,000,000
Total des ressources extraordinaires pour 1851.	397,802,316 fr.

ou plus d'un tiers du budget si, comme on doit le faire, on ajoute l'amortissement à cette somme.

Et vous arrivez en outre à un déficit! Position grave, lorsque l'on considère que déjà le tiers du budget représente une rente consolidée.

Cette situation signifie, monsieur le ministre, que la portion des fruits réservés à l'impôt étant dévorée, le contribuable est réduit à payer, *en sus des fruits disponibles, l'intérêt* d'une partie du capital voté

(1) Ces sommes étaient destinées, lors du vote, à entreprendre de nouveaux travaux ou à retirer la partie de l'impôt qui grève particulièrement le pauvre.

(2) Le contribuable a payé et il doit encore. De plus, ces retards apportés dans le paiement des créanciers de l'État expliquent les mauvaises fournitures qui s'entassent journellement dans les magasins. N'envisageant ici que la question matérielle, c'est ainsi que l'État paie, par la mauvaise qualité des fournitures, 40 p. 100 plus cher que le simple particulier.

par les chambres pour faire face aux charges publiques. De là la dette inscrite, delà la dette flottante, de là un retard considérable apporté dans le paiement des créanciers de l'État.

Comprenez-vous la conséquence d'un système dans lequel entre la combinaison d'intérêts payés par le contribuable? Plus tard nous vous apprendrons que, dans un temps donné, c'est la négation de tout paiement.

Notre manière de procéder est si exacte, que nos déductions s'appuient sur les déclarations mêmes de la commission des finances, qui dit dans son rapport : « Pour 1851, nous arrivons également à couvrir les dépenses *ordinaires* avec les recettes; mais en suspendant, comme en 1850, l'action de l'amortissement; nous lui empruntons 75,660,000 fr. et nous augmentons la dette flottante du montant des travaux publics évalués à 65,891,538 fr. »

C'est donc bien là réellement un nouveau déficit de 140,551,538 fr.

Si l'on raisonne sur vos promesses, le déficit n'en restera pas là.

1° Vous devez rembourser la Banque, page 9 de votre discours imprimé, ce qui fait tomber votre actif de. . . . . 100,000,000 fr.

2° Vous êtes forcé d'effectuer la même opération pour l'aliénation des diverses valeurs : Réduction dans le revenu des bois, chemin de fer de Lyon, etc. 10,000,000

A reporter. . 110,000,000 fr.

Report. . . 110,000,000 fr.

3° Pour la renonciation à la négociation des 2,036,764 fr. de rentes provenant des Caisses d'Épargne. 38,000,000 (1)

Total. . . 148,000,000 fr.

que vous aurez à supprimer de l'actif de la dette flottante, et qui, faute de suffisance dans les recettes, viendront gonfler d'autant son passif.

Il est vrai que vous disposerez, si vous persistez, d'une aliénation de forêts qui, selon vous, peut s'élever pendant quatre années à 14,000,000 de fr.

Maintenant, monsieur le ministre, le mal ne vous apparaît-il pas dans toute sa gravité?

Vous connaissez le mécanisme des écritures : 100 millions que l'on passe de l'actif au passif se doublent à la balance. Ainsi, la caisse qui fait le service de trésorerie, si toutefois vous tenez à votre promesse de rembourser la banque, tombe en déficit, au 1er janvier 1852, de 313,891,538 f. compris les travaux publics (2).

Vous conviendrez, monsieur le ministre, que votre

(1) *Moniteur* du 8 octobre, partie non officielle. « C'est à tort que l'opinion se préoccupe de la réalisation des deux millions de rentes provenant des Caisses d'Épargne. L'état du trésor et l'amélioration de la situation financière permettent au gouvernement de ne pas faire usage de l'autorisation accordée au ministre des finances par la loi du 18 mai 1850 (*Communiqué par le gouvernement*). »

(2) Depuis le vote du budget de 1851, on a voté l'aliénation du chemin de fer de Paris à Avignon. Prévoyant ce vote, monsieur le ministre, dans votre discours du 17 juillet dernier, vous avez dit : « que, sur les 160 millions que l'État a dépensés à la construction de ce chemin (Paris jusqu'à Châlon), vous espériez lui

caisse de service de trésorerie est une caisse comme on n'en voit pas. Non-seulement nous avons pu prouver qu'elle n'avait point d'actif, mais encore, admettant le système, qu'elle touchait au moment de présenter un déficit considérable.

Voici le cercle dans lequel vous tournerez :

Vous emprunterez et vous consoliderez ; après avoir consolidé une partie de la dette flottante, vous recommencerez à grossir son chiffre ; vous vendrez ce qui reste à l'État de nos grandes voies ferrées et vous ne rembourserez pas la Banque ; vous aliénerez le reste de nos forêts ou vous en ferez vendre les réserves, ce qui est absolument la même chose ; vous ferez toujours voter le crédit de l'amortissement et vous le détournerez de sa destination ; les travaux publics ne figureront pas au chiffre du budget et y rentreront par la dette flottante, etc., etc.

Puis après, monsieur le ministre, toutes les ressources actives de la France seront épuisées.

Le néant pour notre nationalité ! Le néant pour les possesseurs actuels ! Nous allons tirer une nouvelle conséquence de ces faits.

1852.

Si nous prenons vos promesses, votre patriotisme, votre raison au sérieux, monsieur le minis-

en faire toucher 100 qui serviraient à faire de nouveaux travaux en 1851 et 1852. »

Croyez-nous, monsieur le ministre, employez cette somme à solder la banque et à sauvegarder cette partie de nos forêts, 56 mille hectares, dont l'aliénation a été votée cette année par l'Assemblée législative.

tre, notre domaine public serait conservé; mais alors notre dette flottante s'élèverait au 1er janvier 1852 à . . . . 777,891,538 fr.
Plus, l'arriéré dans les paiemens que vous estimez à. 180,000,000

Découvert réel. . . . . 957,891,538 fr.
qui reposera alors sur une caisse de service de trésorerie en déficit.

Mais, nous observerez-vous, comme vous l'avez prévu à la fin de votre revue de 1851, je ne rembourserai pas la banque, j'emprunterai, je consoliderai tout ou partie de la dette flottante, je vendrai les forêts, j'augmenterai le chiffre de l'arriéré dans les paiemens, et si cela ne suffit pas, je détruirai vos chiffres et vos déductions en faisant face aux exigences du budget avec les dernières ressources de la France.

Soit, monsieur le ministre, vous prolongerez ainsi l'agonie du vieux système; mais alors, vous forceriez la France, pour renaître, à procéder par des modifications plus profondes dans son ordre social. Pour vous en convaincre, entrons dans l'examen de cette nouvelle voie, que vous déclarerez alors être celle de salut.

Nous entendrons ces paroles retentir du haut de la tribune : « L'emprunt et la consolidation d'une partie de la dette flottante sont, au point de vue du cas de guerre, de sages mesures, qu'un homme d'Etat ne doit pas perdre de vue. » Cette logique de circonstance fera son effet ordinaire sur la chambre et on vous accordera tout. Mais reste la réalisation.

Vous n'avez pas osé faire votre emprunt en 1849 et 50, lorsque la moyenne de la dette était de 400 millions, et vous y songeriez en 1851 ! Ce serait vous décider à le faire d'une manière honteusement onéreuse pour l'Etat. D'un autre côté, vos valeurs de bourse perdraient tout ce qu'elles ont gagné depuis un an. Vous venez, à l'égard des 2,000,000 fr. de rentes des caisses d'épargne, d'en faire la triste expérience ; vous avez été forcé, *de par* le bon plaisir de MM. de la bourse, de vous abstenir de les présenter au *parquet*.

Avez-vous jeté un coup d'œil sur les sacrifices qu'on a fait peser sur la France, afin d'arrêter ou du moins de retarder la catastrophe dont la menace depuis cent ans notre système financier? En voici le relevé :

PREMIÈRE PARTIE.

1° On a vendu sous la Restauration et jusqu'au 24 février 1848, 280 mille hectares de forêts que l'on peut estimer aujourd'hui à. . .	300,000,000 f.
2° Du premier jour de la Restauration jusqu'à l'année 1850, notre dette consolidée s'est élevée de.	4,200,000,000
3° Forêts engagées à la banque et ventes votées en 1850.	206,000,000
4° Dette flottante, résultat des budgets votés, compris l'arriéré des paiemens *malgré les recettes effectuées*	911,783,076
5° Empiétement sur la réserve des vieux arbres dans les tail-	
A reporter. .	5,617,783,076 f.

Report. . . 5,617,782,076 f.

lis (1). 205,000,000

Total des ressources absorbées ou en voie de l'être depuis 1814. 5,822,783,076 f.

Ce capital, qu'on le remarque bien, représente dans ses diverses divisions un véritable découvert. Découvert envers l'Etat, découvert envers les contribuables, découvert envers le rentier, découvert envers les créanciers de l'Etat.

DEUXIÈME PARTIE.

Voici, pendant la même période, la progression ascendante de notre budget :

Du budget de l'empire (900 millions) (2) nous sommes montés :

1° Sous la Restauration. . . . . 1,015,000,000 f.

2° Sous la branche d'Orléans. 1,712,000,000

3° Depuis, si l'on tient compte de l'amortissement, des travaux publics, etc. 1,600,000,000

(1) Depuis l'action administrative de 1830, le système d'énervement de nos bois de réserves et de nos futaies est développé d'une manière déplorable.

Tous les arbres désignés dans le martelage comme *vieux* ont disparu, surtout depuis 1843, et les *anciens* ont été dédoublés (95 millions dans ces sept dernières années). De là impossibilité, en France, pour la marine, de s'approvisionner de belles pièces, et pour l'industrie et l'agriculture de se procurer les arbres dits de *couche*.

On sait, d'un autre côté, ce que le semis perd à l'absence des vieux arbres.

(2) Sous la République 600 millions. Ce chiffre et son développement sont la conséquence d'un système qui commença son évolution révolutionnaire en 1787, à propos d'une dette de 400 millions.

Progression qui s'est maintenue malgré un système de paix à tout prix. . . . .

Maintenant nous pouvons calculer, aliénassiez-vous même le reste de nos forêts, il ne faudra pas soixante ans pour voir un budget de 1,500 millions absorbé par les intérêts de notre dette inscrite, rentes viagères, etc.

Ces faits, monsieur, fortifient notre assertion : « Que la matière imposable ne s'est point developpée en proportion des charges publiques. »

Nous prévoyons ici que vous vous retrancherez sur un exemple : comment, direz-vous, fait l'Angleterre avec sa dette d'à peu près vingt et un milliards, et une propriété grevée annuellement de 150 millions par le paupérisme ?

Notre réponse sera facile. L'Angleterre considère son île, vous le savez, comme un vaste atelier dont les produits fructifient du travail des autres nations. Après avoir ruiné l'Europe, l'Asie, l'Inde, etc., ses canons lui ont ouvert les portes du céleste empire ; mais après l'avoir épuisé, l'Inde émancipée, elle se transformera, car son système, à quelques variantes près, est absolument le nôtre. Cette transformation menace toutes les sociétés européennes ; observez-les, monsieur, et vous reconnaîtrez que partout l'aliénation du domaine public a précédé la dette d'Etat ; et la dette d'Etat, la migration de la population ; du moins de cette portion vigoureuse à laquelle appartient l'avenir. L'Europe s'en va !

L'Angleterre, seule, vous apparaîtra résister à la tourmente ; mais pour prétendre comme elle à quarante ans de viabilité d'une vie toute matérielle, et par ce seul fait, portant aussi en son sein le germe de mort, avez-vous, comme son gouvernement, des peuples nombreux à jeter sous le pilon budgétaire?

Pour 1853, que destinez-vous au gouffre?

1853 ET 1854.

En 1853 et 1854, les sept cents cinquante millions dont vous disposez encore en faveur de l'administration du pays seront tellement réduits que, faute d'encaisse, il vous faudra de nouveau, mais pour la dernière fois, comme représentant l'ancien ordre de choses, abandonner le gouvernement des affaires. A moins, toutefois, que vous ne portiez un regard de convoitise sur le rentier, voir même la propriété individuelle. C'est ainsi que votre système se développera avec tous les appétits qui lui sont propres.

L'orgie budgétaire peut, vous le voyez, monsieur le ministre, se prolonger quelques années; mais alors quel réveil !

Aujourd'hui, déjà, n'existe-t-il pas un désordre inextricable dans la comptabilité de vos divers ministères? Et pour ne parler que d'un seul, M. le ministre de l'intérieur pourrait-il présenter, à l'égard des paiemens, un émargement *régulier* des fonds votés pour des services spéciaux? Les frais de police, etc., et de l'état de siége de plusieurs de nos départemens l'entraînent chaque jour, nous le savons, à des complaisances fâcheuses (1).

(1) Nous aimons à penser que M. Baroche ne tournera pas notre observation en attaque personnelle. Ainsi que Ledru-Rollin, ayant accepté un mauvais héritage, il se trouve placé sous le coup de pressions incessamment croissantes; pressions qui le

Resserrons maintenant la question générale :

Plus de *domaine public*, du moins comme valeur réglementaire, et, un jour, impossibilité de servir la dette ou d'administrer le pays. En 1857, considérant l'altération qu'on remarque dans le revenu *profit* et la progression ascendante des charges publiques, vous subirez cette terrible alternative.

D'un autre côté, monsieur le ministre, l'aliénation de notre *domaine public* rend non-seulement très-équivoque le droit d'appropriation individuelle, mais la destruction de nos forêts, particulièrement des hautes futaies, compromet l'hygiène de nos populations, même la fertilité de nos terres. Les grandes familles asiatique, grecque, italienne, etc., ont disparu, lorsque les forêts ont cessé de rafraîchir leur sol, et de satisfaire aux besoins usuels de l'homme. Toutes ces questions sont graves.

Sans citer les discours sur cette matière, prononcés, en 1832, à la tribune nationale et à la chambre des pairs, dont un, de M. Roy, fut très-remarquable (1), nous pouvons citer contre l'aliénation des forêts de l'Etat ce passage du rapport de M. Gouin : « *Un principe* sur lequel tout le monde est d'accord, c'est que la possession des forêts ne doit pas être appréciée par l'Etat comme le ferait un particulier. Pour ce dernier, ce n'est qu'un produit qu'il réalise sous la forme qui lui est la plus favorable ; ses aménagemens excèdent rarement 20 à 25 ans, parce qu'arri-

conduisent à une anarchie de comptabilité telle, que le service public en sera tôt ou tard compromis.

(1) M. Louis, alors ministre des finances, avoua « que les bois » *sans importance* ayant été vendus, il serait dangereux, au » point de vue de l'hygiène et de l'approvisionnement du pays, » de persister dans cette voie. »

vée à cet âge, la pousse des bois n'équivaut plus à la perte des intérêts du capital. Il doit apprécier les choses de plus haut et suppléer à ce que ne peuvent faire les fortunes privées. Ainsi, par exemple, les bois conservés en haute futaie sont, dans une certaine proportion, d'une utilité incontestable pour le pays. Les particuliers, qui ne voient que leur intérêt personnel, peuvent plus difficilement concourir à cette conservation ; c'est donc à l'Etat de satisfaire à cette nécessité ; ce n'est pas pour lui un placement de capitaux à l'intérêt le plus élevé, si cette considération était seule admise, le gouvernement ne resterait pas possesseur d'un hectare de futaie. N'oublions pas que des ventes considérables (280 mille hectares) ont déjà eu lieu. »

Comment donc se fait-il que M. Gouin, après avoir posé le *principe* de la non aliénatian des forêts, conclut à l'abandon de 56 mille hectares, dans lesquels se trouvent de magnifiques réserves et des futaies ? Nous aimons à croire qu'il n'y a ici qu'inconséquence. Faute d'avoir suffisamment étudié la question, on a cédé à une pression du jour. Nous poursuivons.

Les bois, en France, sont ainsi répartis :

1,208,721 hectares à l'Etat, compris les anciens bois de la liste civile.

1,869,028 hectares aux communes et établissemens publics ;

5,707,592 hectares aux particuliers.

8,785,341 hectares disséminés sur le sol de France.

Ainsi, l'Etat, primitivement le mieux pourvu en bois, est aujourd'hui le plus pauvre. D'un autre côté, il n'a plus de terres arables.

CONSÉQUENCES.

Il résulte de l'exposé qui précède, monsieur le ministre, que notre situation sociale et l'appropriation individuelle se trouvent gravement compromis par :

1° Notre dette inscrite et les besoins progressifs du budget annuel ;

2° Par l'aliénation successive de notre domaine public.

Une première faute nous écrase aujourd'hui de toutes ses conséquences.

Le premier Capet, en faisant la remise des fiefs, comme appropriation personnelle, aux barons, dépouilla l'État de la totalité, on peut le considérer ainsi, des terres arables. A la même époque, par ces mêmes largesses, l'État perdait aussi une grande partie de ses forêts ; mal qui a grandi par divers donations des rois et des ventes successives.

L'abandon des fiefs aux barons a produit l'assiette de l'impôt, qui, de nos jours, ronge les derniers anneaux qui font l'unité de notre corps social.

L'abandon, par l'État, des terres arables, mines, etc., a produit le fermier et l'ouvrier misérables.

L'abandon des forêts à l'individu, en détruisant les taillis et particulièrement les hautes futaies, a privé le journalier de sa vache et de son feu. On a déboisé par ces aliénations, le midi de la France, desséché ses ruisseaux, nui à la culture de ses céréales, à ses prés, etc., retardant pour longtemps le développement numérique de sa population.

MM. les conservateurs ont-ils bien réfléchi aux conséquences du nouveau vote d'aliénation de 56,000 hectares de nos forêts ?

Si les nécessités du budget conduisent à s'emparer des appropriations de l'État, à quel titre, monsieur le ministre, les besoins du budget persistant, le droit d'appropriation individuelle serait-il plus sacré? On conçoit le sacrifice de l'individu à l'État, et non de l'État à l'individu ; car que deviendrait ce dernier si le premier venait à succomber ?

On sera entraîné de toute force, le domaine public épuisé, vers un droit nouveau : l'empiétement du budget sur le droit d'appropriation individuelle. Il est de toute évidence, monsieur le ministre, que si l'on a aliéné le domaine public, c'est que, sans lui, on était arrivé à l'impuissance de faire face aux nécessités du budget, avec le seul secours des impôts sur le travail, la consommation, etc.

Expliquer les faits accomplis, c'est déjà soulever une partie du voile qui cache l'avenir.

L'impôt sur le travail et sur la consommation ne suffisant plus aux nécessités annuelles du budget, on a voté l'aliénation du domaine national ; ce dernier épuisé, on votera la saisie d'une portion de l'appropriation individuelle ; car repousser cette mesure serait, pour l'État et l'individu, la négation de l'existence même.

Mais où trouver des acquéreurs lorsque le fisc menacera de tout envahir ? Il convient avant cette époque de dissolution de fixer les positions.

CONCLUSION.

Monsieur le ministre, le droit collectif étant au-dessus du droit individuel, il est indispensable que l'individu se sacrifie à la société ; sans ce sacrifice, il n'y a d'ailleurs pour lui ni principe moral, ni jouissances, ni droit d'appropriation, ni famille.

Il importe de poser ici la limite de l'appropriation par l'État, pour connaître celle de l'individu.

Si l'État est possesseur de toutes choses comme dans les anciennes sociétés asiatiques, mœurs que nous retrouvons encore en Turquie, en Egypte, etc., le travailleur et sa famille sont de misérables esclaves qui cultivent mal la terre et se soucient peu de défendre le pays.

D'un autre côté, lorsque par le droit d'appropriation, l'individu parvient à tout posséder, l'État se trouve dans l'impossibilité de faire face aux dépenses extraordinaires. Aussi, l'action réglementaire des valeurs lui échappe et il végète comme les masses : c'est notre état actuel.

C'est donc vers une juste distribution des instrumens et des produits que l'action gouvernementale doit tendre.

A l'égard de l'impôt on doit, si on veut développer la matière imposable, en affranchir l'instrument, la matière première et l'individu. Pour arriver à cette possibilité, il convient, par la combinaison du prêt, de remettre l'instrument de la reproduction aux mains du travailleur affranchi (1). Ce crédit procurera une prime, un intérêt comme on l'appelle encore de nos jours, que les *banques municipales*, verseraient chaque année dans les caisses de l'État, afin de faire face aux charges publiques. Cette question du crédit, comme nous l'entendons, est complexe de celles de l'assurance et de l'hypothèque (2).

C'est par ces diverses combinaisons que l'on parviendra à réglementer :

1° Le prix des fermages ;
2° L'assurance ;
3° L'hypothèque ;
4° Les prix des produits alimentaires ;
5° Le travail ;
6° Les nécessités du budget ;
7° Le droit d'appropriation par l'État ;
8° Le droit d'appropriation individuelle.

Voilà, monsieur le ministre, les besoins impérieux de notre époque. Après l'émancipation de l'esprit il nous faut l'émancipation de la matière par les lois naturelles de l'économie politique ; c'est seulement ainsi que l'homme sera redevenu la digne créature de Dieu : c'est-à-dire libre dans toute son essence.

Vous êtes étonné que la révolution reste constamment menaçante ! Mais qu'avez-vous fait pour la calmer ? L'effet cesse lorsque la cause n'existe plus, et

(1) En affranchissant l'esclave, on lui a enlevé en même temps la disposition de la terre, de la semence, sa bêche, son âne, sa vache, sa table, son lit, son toit, et tout secours obligé dans la maladie comme dans la vieillesse, et c'est ce que nous lui rendons pas la combinaison du prêt.

(2) Voir la Constitution du crédit, publiée par Lamennais et nous.

nous venons de démontrer que vous et vos amis, par la plus fatale des erreurs, vous travaillez sans relâche à lui donner des proportions formidables.

Les déportations, les procès politiques, l'emprisonnement, les fusillades, l'état de siége, une monarchie nouvelle, n'aligneront pas les chiffres de votre comptabilité, et c'est dans les chiffres de votre budget, vous le savez maintenant, que vous retrouverez l'étincelle révolutionnaire.

Croyez-nous, monsieur le ministre, soyez prudent comme le nautonier. Profitez du calme pour faire entrer dans le port le vaisseau dont le gouvernail vous est confié ; seulement alors vous n'aurez point à craindre la tempête.

Après avoir placé un phare sur l'écueil,

Nous n'avons plus, monsieur le ministre, qu'à vous assurer de notre haute considération.

AUGUSTE BARBET.

PARIS.— IMPRIMERIE DE E. BRIÈRE, RUE SAINTE-ANNE, 55.

www.ingramcontent.com/pod-product-compliance
Ingram Content Group UK Ltd.
Pitfield, Milton Keynes, MK11 3LW, UK
UKHW012123240726
13965UKWH00005B/1935